Draw &
Colour This:

Draw & Colour This:

Draw &
Colour This:

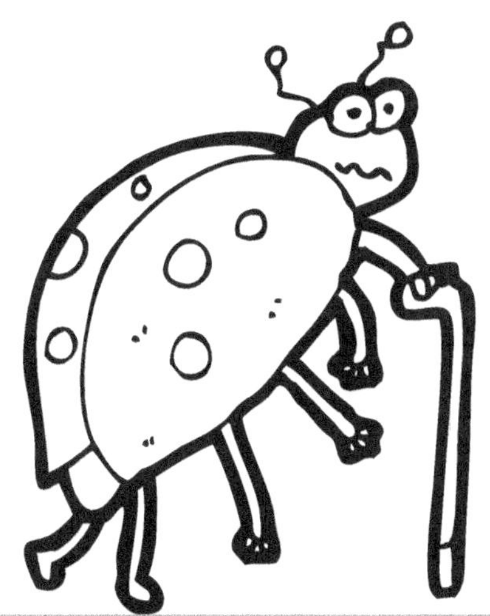

Draw & Colour This:

Draw & Colour This:

Draw &
Colour This:

Draw &
Colour This:

Draw &
Colour This:

Draw & Colour This:

Draw &
Colour This:

Draw & Colour This:

Draw & Colour This:

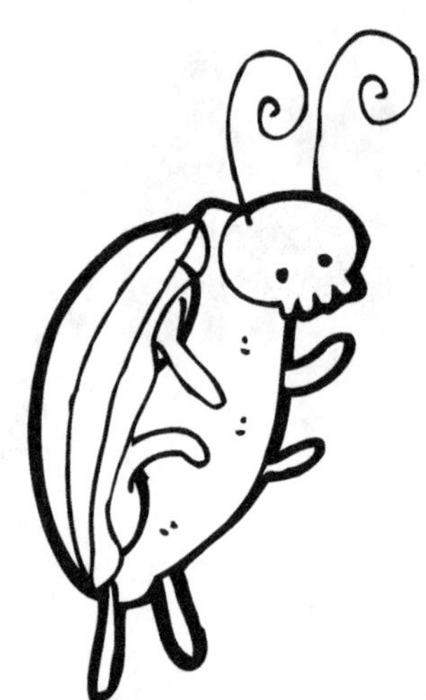

Draw &
Colour This:

Draw & Colour This:

Draw & Colour This:

Draw &
Colour This:

Draw &
Colour This:

Draw &
Colour This:

Draw &
Colour This:

Draw &
Colour This:

Draw & Colour This:

Draw & Colour This:

Draw &
Colour This:

Draw &
Colour This:

Draw &
Colour This:

Draw &
Colour This:

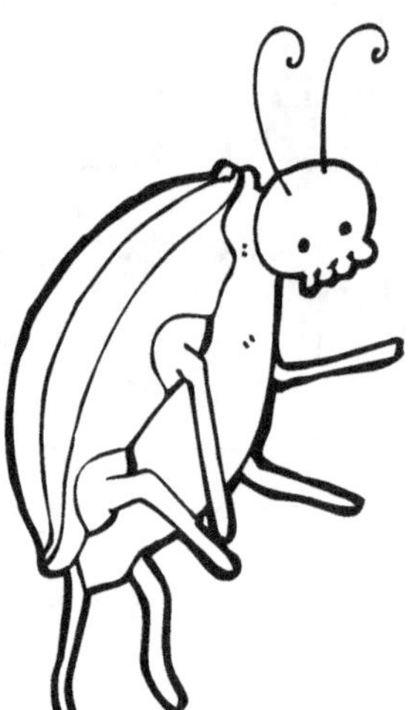

Draw & Colour This:

Draw & Colour This:

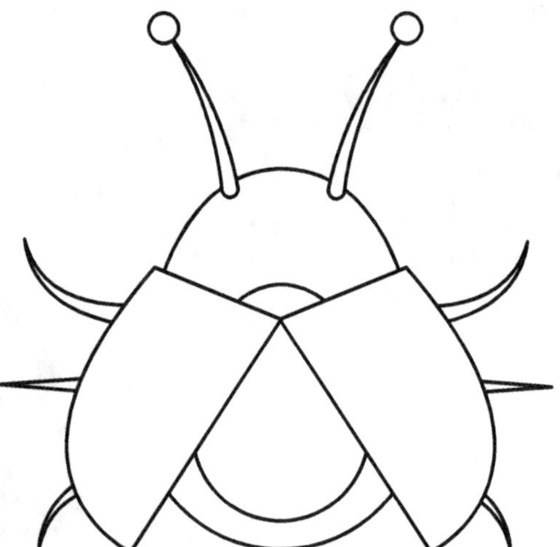

Draw &
Colour This:

Draw & Colour This:

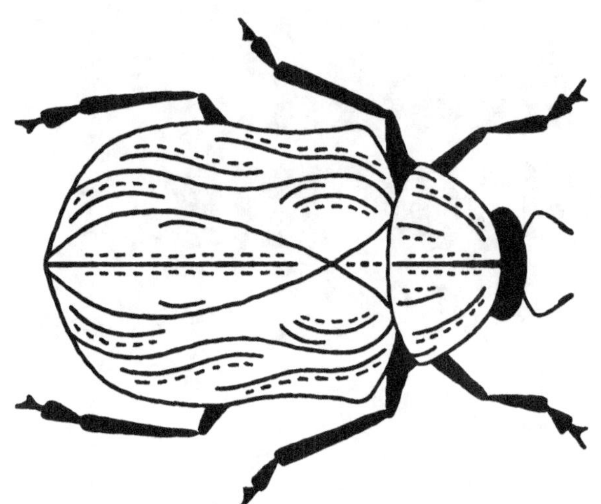

Draw &
Colour This:

Draw & Colour This:

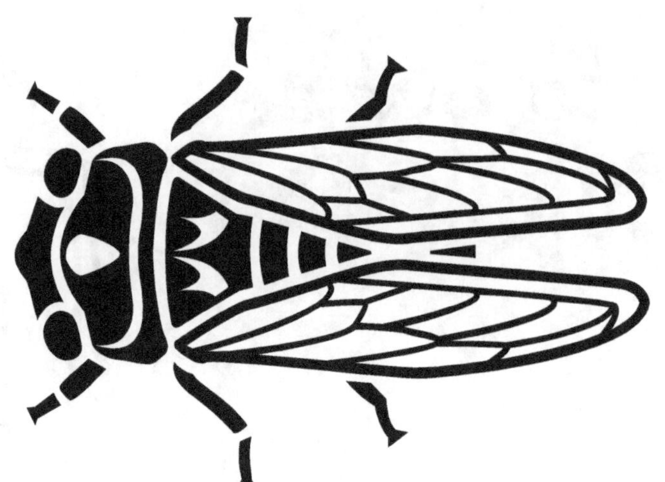

Draw &
Colour This:

Draw &
Colour This:

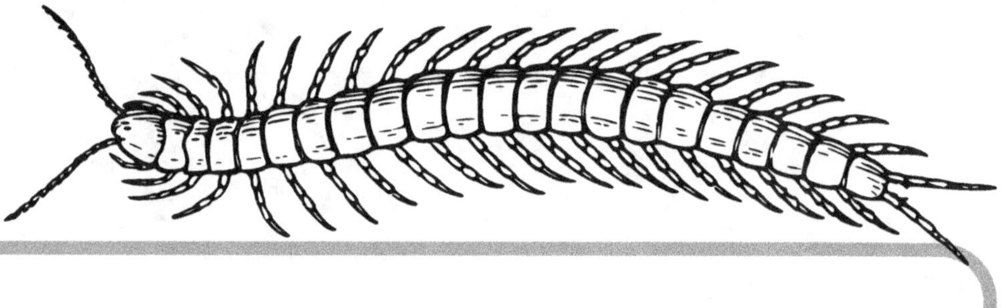

Draw & Colour This:

Draw &
Colour This:

Draw &
Colour This:

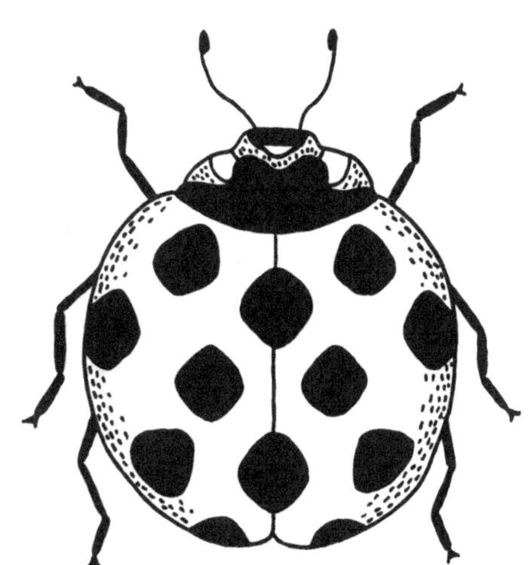

Draw &
Colour This:

Draw & Colour This:

Draw &
Colour This:

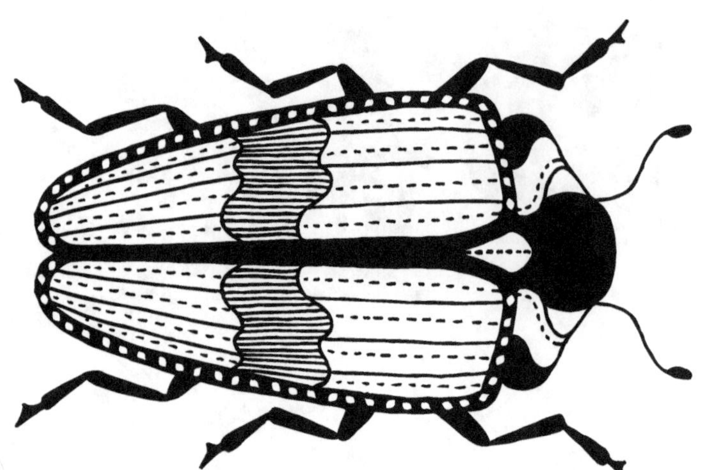

Draw & Colour This:

Draw &
Colour This:

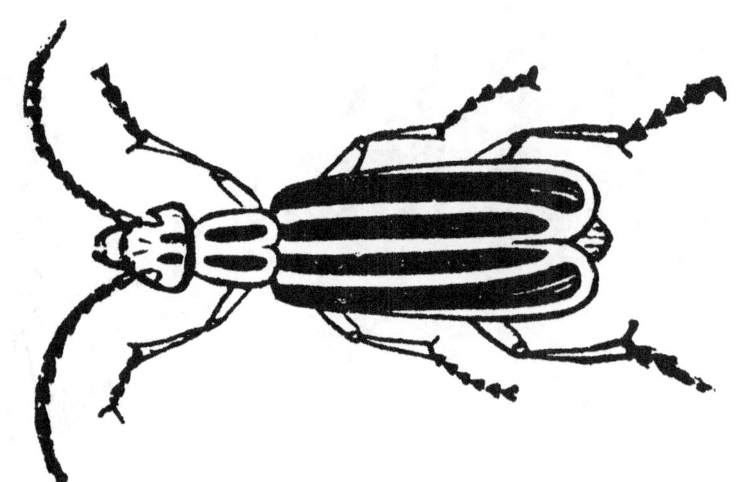

Draw &
Colour This:

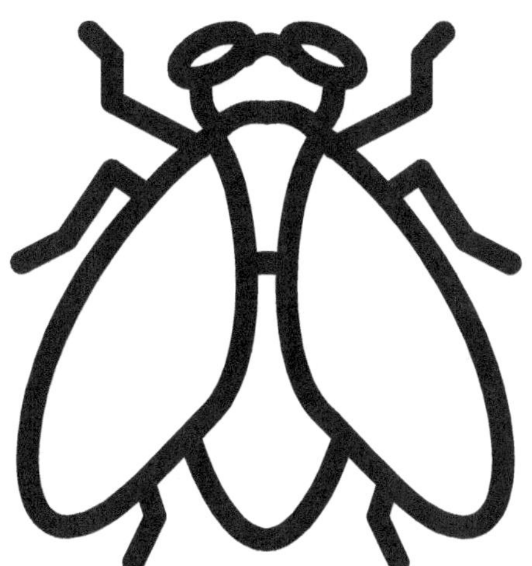

Draw &
Colour This:

Draw &
Colour This:

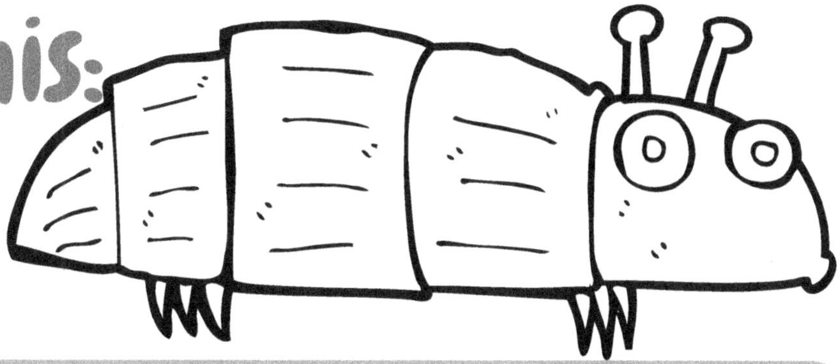

Draw & Colour This:

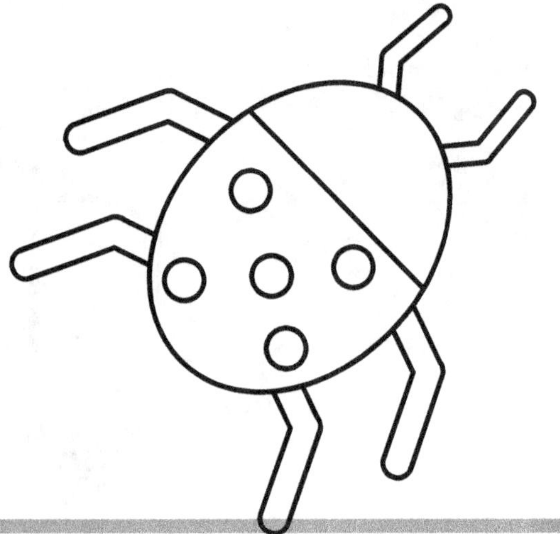

Draw &
Colour This:

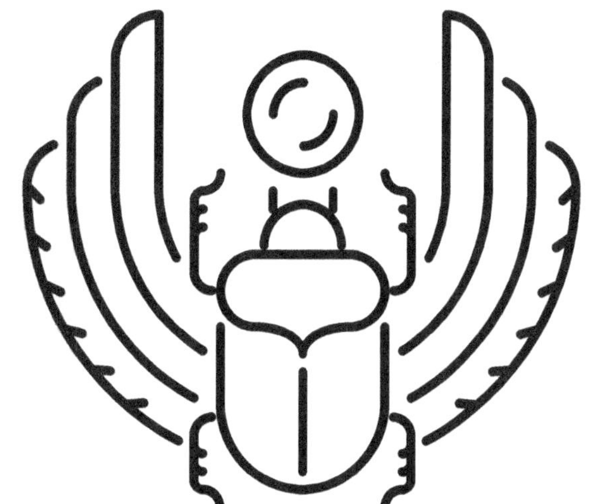

Draw & Colour This:

Draw &
Colour This:

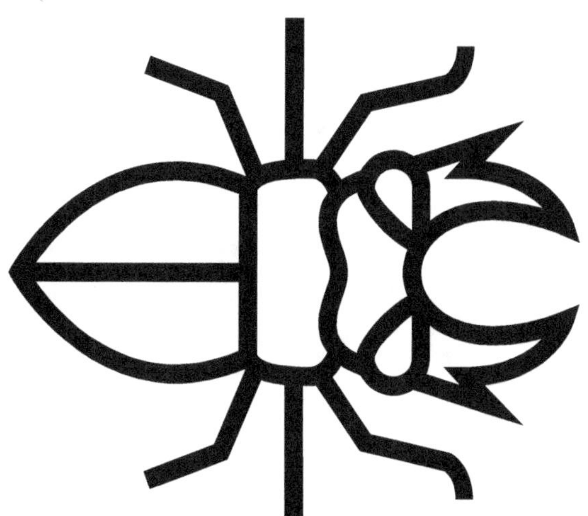

Draw & Colour This:

Draw &
Colour This:

Draw & Colour This:

Draw & Colour This:

Draw &
Colour This:

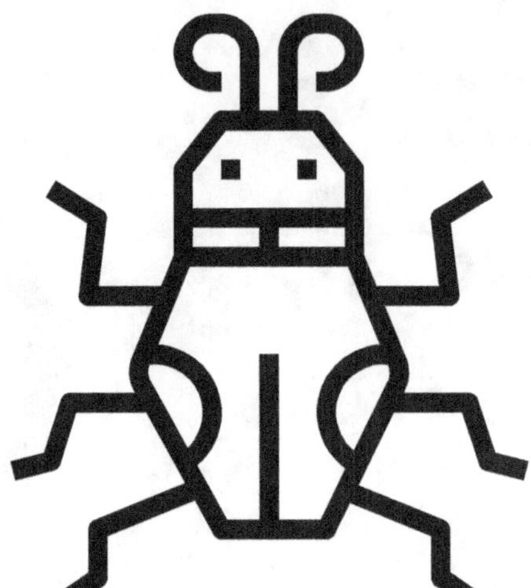

Draw &
Colour This:

Draw &
Colour This:

Draw &
Colour This:

Draw & Colour This:

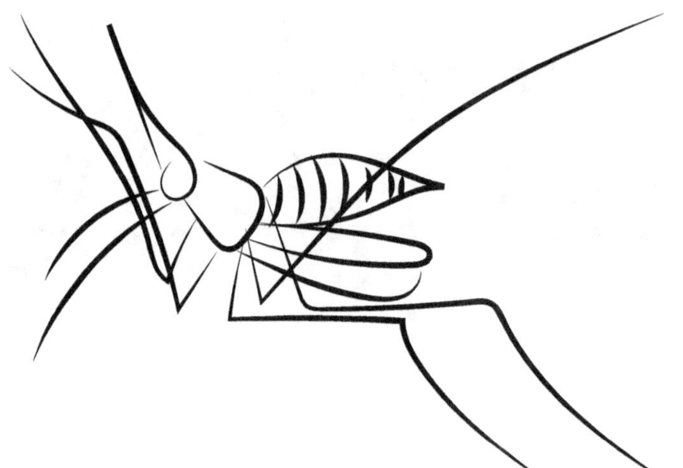

Draw &
Colour This:

Draw &
Colour This:

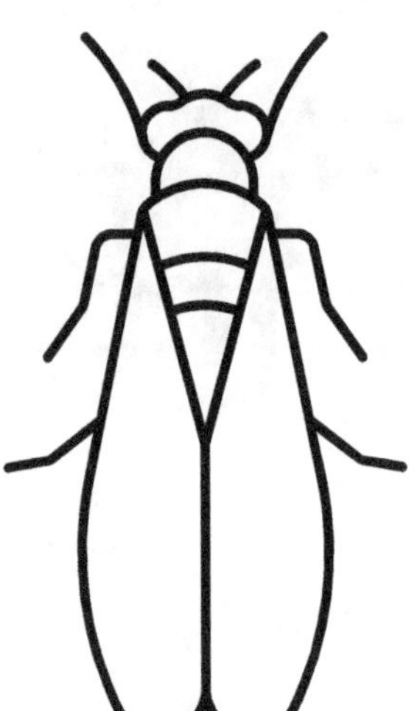

Draw & Colour This:

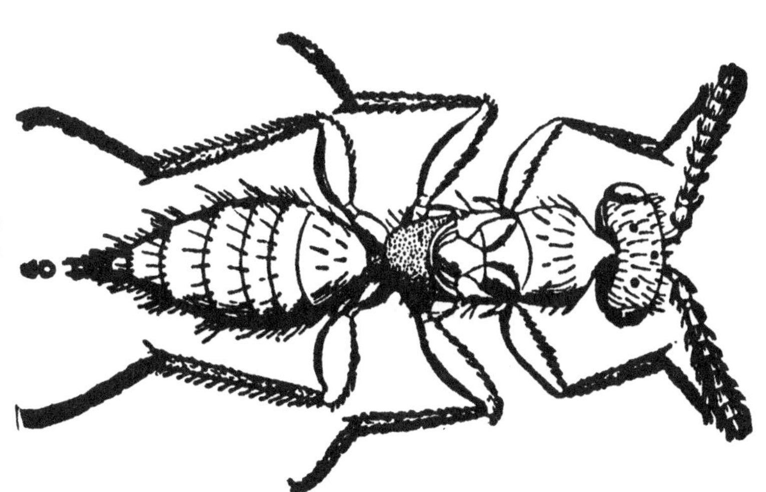

Draw & Colour This:

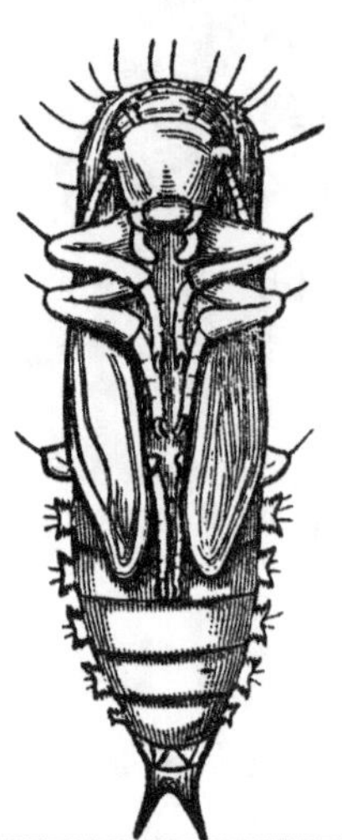

Draw &
Colour This:

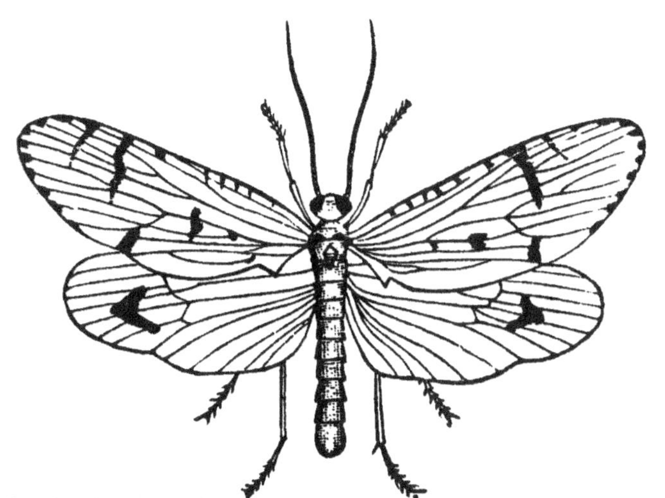

Draw & Colour This:

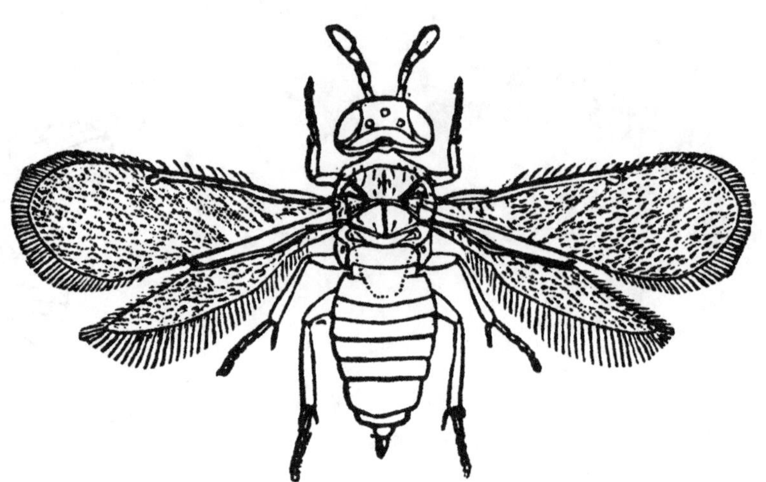

Draw &
Colour This:

Draw &
Colour This:

Draw &
Colour This:

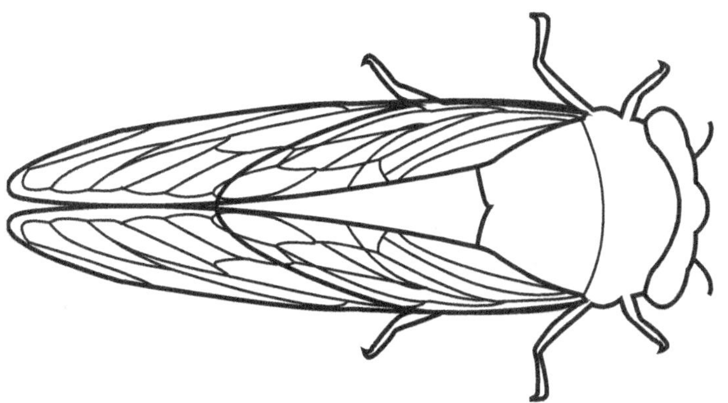

Draw & Colour This:

Draw &
Colour This:

Draw & Colour This:

Draw & Colour This:

Draw &
Colour This:

Draw &
Colour This:

Draw &
Colour This:

Draw &
Colour This:

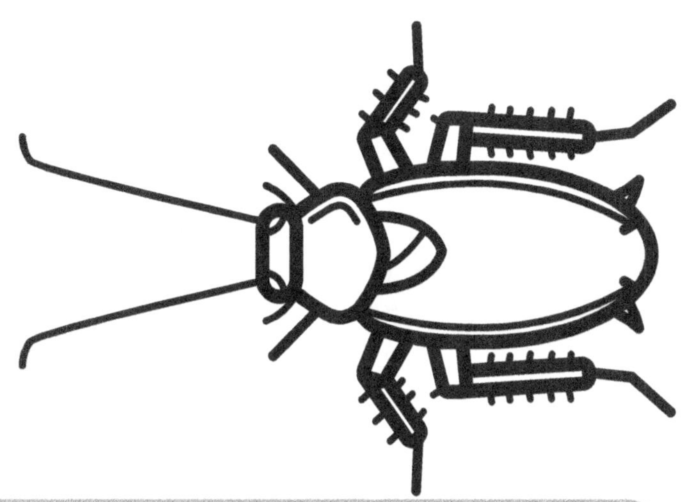

Draw &
Colour This:

Draw &
Colour This:

Draw &
Colour This:

Draw &
Colour This:

Draw &
Colour This:

Draw & Colour This:

Draw & Colour This:

Draw &
Colour This:

Draw &
Colour This:

Draw &
Colour This:

Draw &
Colour This:

Draw &
Colour This:

Draw &
Colour This:

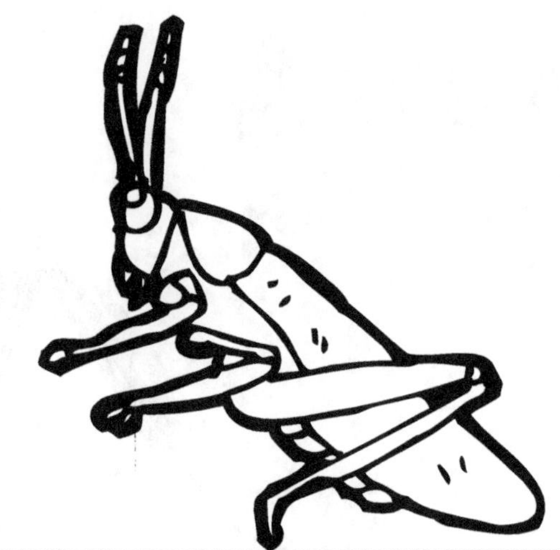

Draw &
Colour This:

Draw &
Colour This:

Draw & Colour This:

Draw &
Colour This:

Draw & Colour This:

Draw & Colour This:

Draw & Colour This:

Draw &
Colour This:

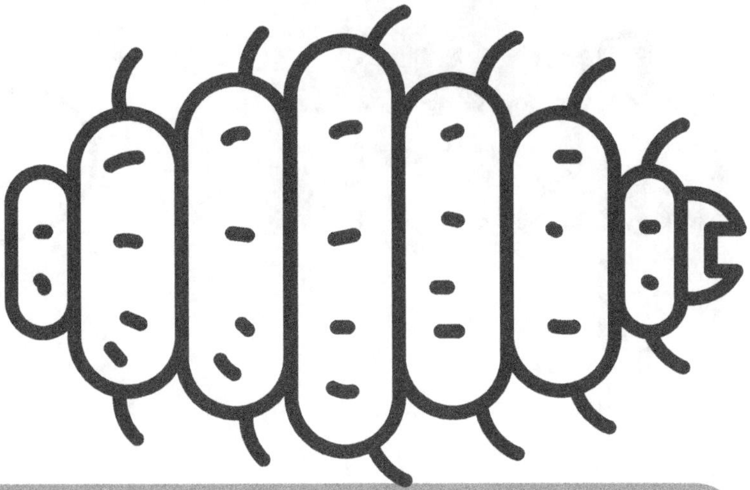

Draw &
Colour This:

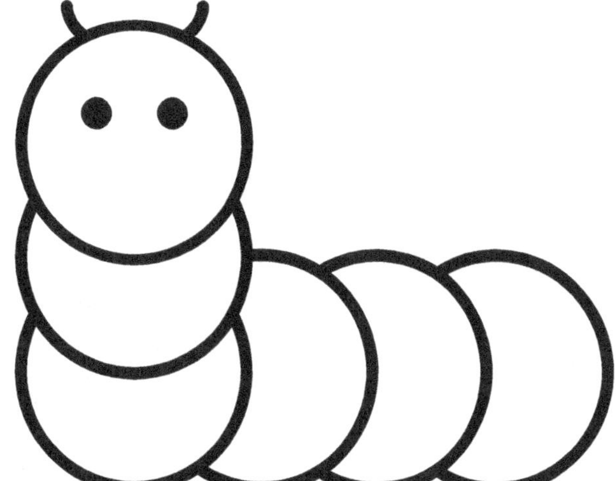

Draw &
Colour This:

Draw &
Colour This:

Draw &
Colour This:

www.ingramcontent.com/pod-product-compliance
Lightning Source LLC
Chambersburg PA
CBHW081623250726
48657CB00009B/2699